REMIS

Abgebrühtes und Ausgekochtes
im ewigen Kampf der Geschlechter

aus dem Leben gerissen und in Reime gehämmert
von
Elmar Perkmann

im Jahr des Herrn/der Herrin 2015

www.tredition.de

© 2015 Elmar Perkmann

Verlag: tredition GmbH
ISBN:
978-3-7323-4269-3 (Paperback)
978-3-7323-4270-9 (Hardcover)
978-3-7323-4271-6 (e-Book)

Printed in Germany

Bibliografische Information der Deutschen Nationalbibliothek:
Die Deutsche Nationalbibliothek verzeichnet diese Publikation in der Deutschen Nationalbibliografie; detaillierte bibliografische Daten sind im Internet über http://dnb.d-nb.de abrufbar.

REMIS

Der Mann versucht in allen Dingen
Der Frau den Willen aufzuzwingen.
Sie ihrerseits lässt ihn im Glauben
Sie will ihm nicht
sein Selbstbild rauben.

Der Mann glaubt stets, er sei der Hengst
Dem ist nicht so.
Das weiß sie längst.

☯

Der Mann, der wär so gern ein König -
Doch auch ein Jeep vermag da wenig.

☯

Der Mann, wer will ihm das verdenken?
lässt sich nur schwer vom Weibe lenken.

☯

Der Mann fährt besser, wie er meint
Die Frau sagt ihm wohin, wie's scheint.

Der Mann ist besser als sein Ruf
Die Frau erlebt ihn meist mit Huf.

☯

Manche Frau entblößt den Bauch
Nun, eine Katze tut das auch.

☯

So mancher Nabel vorn am Magen
Schafft, wenn geoutet Unbehagen.

☯

Der Hahn, ein Sinnbild für den Mann
Kräht auf dem Mist so gut er kann.

Ein Hahn bringt, ohne Hühnerschar
Sein Selbstbild sträflich in Gefahr.

Ein Huhn sucht stets des Hahnes Nähe
Die Frau dies gerne anders sähe.

Die Kuh vergnügt sich mit dem Gras
Der Stier erleichtert sich im Glas.

Sie weiß, er kommt eh angekrochen
Der Kollaps droht beim Waschen, Kochen.
Ein Mann glaubt fest, des Gliedes Größe
Ermögliche die bessern Stöße.

Ein Mann, aus Überzeugung ledig
Versteht von Frauen eher wenig.

Die Frau, aus Überzeugung prüde
Hat die Migräne und ist müde.

Die Sonnenbrille, keck im Haar
Schützt Kopf und Hirn vor Brandgefahr.

Ein Mann, des Knuddelns überdrüssig

Geht fort zum Stammtisch, das ist schlüssig.

Der Mann, im Wesen polygam

irrt lebenslang von Scham zu Scham.

Der Mann, vom Redeflussgeschunden

Hat stracks das Telefon erfunden.

Idyllisch, wenn sie leise häkelt
Und er sich vor der Glotze räkelt.

Ein Mann versucht mit allen Mitteln
Die Frau aus Traum und Schlaf zu rütteln.
Er bringt sie schließlich auf die Beine –
Das Frühstück macht sich nicht alleine.

Der Mann, halt ausgelegt fürs Zeugen
Kann eines nicht: Ein Kindlein säugen.

Wenn er ihr auf den Hintern stiert
schimpft sie, er sei echt schwanzfixiert.

Doch wird ihr Wollen ignoriert
Wird er für Tage ausquartiert.

Beim Ratschen die Devise lautet
Dass jede sich vollständig outet.

Beim Fahren ist er Kavalier
Die Frau, ja die verlangt das schier.

Gleiche Rechte klagt sie ein
Was heißen will: Das Recht ist mein!

Hilft er ihr in den Mantel rein

Knurrt sie, das kann sie auch allein.

Doch wenn er sich dabei nicht rührt

Das gleich zu bösen Worten führt.

Sie glaubt, der Mensch

- als Frau geboren -

Sei zu was Höherm auserkoren.

Sie will jeden Beruf ergreifen

Doch darf der Overall nicht kneifen.

Er mischt sich in den Kindergarten
Laut Tante soll er draußen warten.

☯

Mit Stöckeln bleistiftdünn gedrechselt
Wird in die Upper-Class gewechselt.

☯

Der Ausschnitt, bis zur Brust geweitet
Der Frauen Blicke abwärts leitet.

☯

Manche Frau, so kann man hören
Kann ohne Anstrich nicht betören.

Verbal ist sie emanzipiert
Beim Macho sie den Kopf verliert.

Der Doktor saugt Fett aus dem Bauch
Doch ohne Fett missfällt sie auch.

Er ist verloren ohne sie
Ansonsten ist er ein Genie.

Die Kellnerin, voll mit Hormonen
Bedient ausschließlich
junge Drohnen.

Der Kellner, fröhlich beim Bedienen
Beschäftigt sich mit jungen Bienen.

Die Kuh verlangt nach einem Stier
Was kann der arme Ochs dafür.

Wenn sie ihn schickt zum Broteinkaufen
Hat er sich Dutzend Mal verlaufen.

Sie schwärmt von Frauen und von Power
Er lächelt mild, schaut er genauer.

☯

Die Schminke stimmt, das Seidentuch
Doch weniger der Mundgeruch.

☯

Sie ist recht flippig, zeigt viel Haut
Ein Lüstling ist, wer darauf schaut.

☯

Sie hofft, dass Mann sich nach ihr dreht
Doch keiner tut's, er ist nicht blöd.

Sie sucht beim Tanz den steilsten Hengst
Er ist noch steiler, als du denkst.

In allem ist sie überlegen
Doch nicht beim Parken – was für Segen!

Sie kauft sich Kleider ohne Ende
Vielleicht bringt dieses ja die Wende.

Sie weiht die Freundin, das ist fein,
In sämtliche Gefühle ein.

Fein dosiert versprüht sie Gift
So wie es ihn am meisten trifft.

Sie sieht an seinen weißen Haaren
Was sie verloren hat an Jahren.

Sie fängt recht schnelle an zu weinen
Echte Tränen, könnt man meinen.

Einen Partner sucht sie panisch
Er flüchtet und erlebt sie manisch.

☯

Für sie sind Bücher wie Begleiter
Er denkt sich:
Ohne wär's gescheiter.

☯

Die Zeit, so glaubt sie steif und fest,
Bei ihr kein Zeichen hinterlässt.

☯

Sie sagt, er soll die Jacke kaufen
Er seufzt und legt sie zu dem Haufen.

Die Mutter hat ihm eingetrimmt
Er sei zu Höherem bestimmt.

☯

Sie glaubt, mit Unterwürfigkeit
Ließ sich vermeiden Kampf und Streit.

☯

Jeden Abend geht sie tanzen
Sie zählt sich halt zu den Emanzen.

☯

Er will von ihr stets nur das Eine
Sie hält ihn fern, verklemmt die Beine.

Er wäre froh, wenn all die Schlechten
Ihn nicht so in Versuchung brächten.

Er kennt den Weg genau, den rechten
(er ist ja keiner von den Schlechten).

Alle Mädchen, große, kleine
Denken niemals an das Eine.

Er ist – sie weiß das sehr genau
Am Kollaps Schuld und auch am Stau.

Wenn sie nicht seine Taschen leerte
Sich dort das Strandgut krass vermehrte.

Auch wenn der Bischof anders denkt
Sie ist es, die die Kirche lenkt.

Auch wenn der Papst beharrlich schweigt
Er dadurch durchaus Flagge zeigt.

❧

Vor Dummheit schützt, das ist schon klar
Nicht grauer Bart noch weißes Haar.

❧

Vor Wollust schützt, auch das ist klar
Die Kutte nicht, nicht der Talar.

❧

Sie sagt, es wäre weitaus besser
Er wär' ein Korn- und Müsliesser.

❧

Wenn sie erst mal ihr Baby stillt
Hat er als Mann den Zweck erfüllt

Sie wackelt mit dem Po, dem drallen
Stiert er drauf, zeigt sie die Krallen.

Der Body unter knappen Stoffen
Lässt auf ein wahres Wunder hoffen.
Doch lässt sie dann die Hülle fallen
Stellt ein sich mäßiges Gefallen.

Auch wenn sie noch so bittet, fleht
Sie muss noch warten, bis er steht.

Versteckt sie ihren Leib, den blanken
Kommt er auf andere Gedanken.

Ein Wasserstrahl, kalt appliziert
Bewirkt, dass man die Lust verliert.

Sie zieht - und spielt auf allen Tasten -
Die neueste Wäsche aus dem Kasten.

Er sprüht sich für den Fall der Fälle
Ein Deo auf besagte Stelle.

☯

Beim Blumenstrauß, abrupt geschenkt
Sie an Gewissensplagen denkt.

☯

Sie kann zwar Blumen ziemlich leiden
Doch nicht beim Trennen, nicht beim Schei-
den.

☯

Sie braucht noch Zeit zum Denken, Grübeln
Er soll ihr dieses nicht verübeln.

Sie meidet ihn, das mit System

Ihm ist das eher angenehm.

☯

Das Streiten wie das Schmusen, Küssen

Lässt Selbstbeherrschung meist vermis-
sen.

☯

Für ihn ist, das find't sie fatal

Die Lösung stets horizontal.

☯

Er glaubt, mit Logik und Geduld

Käm sie zur Einsicht ihrer Schuld.

Sie gehen - und das ist recht weise
Auf strikt getrennte Hochzeitsreise.

Auf Schwangerschaft will sie verzichten
Und sich dennoch paar Kinder richten.

Die Scheidungsrichterin, geduldig
Sagt ihm, er sei in allem schuldig.

Der Partner, den sie sich erkor
Kommt ihr nun eher spanisch vor.

Er weiß, dass es nur wenig nützt
Wenn er sich auf die Logik stützt.

☯

Irgendwie scheint er zu spüren
Dass Worte in die Irre führen.

☯

Sie sagt - und findet sich im Recht
Der Mann sei wesensmäßig schlecht.

☯

Er sagt's mit Bitten und mit Beten:
Schön wär's, wenn sie es endlich täten.

Ihr Schicksal ist, im Recht zu sein

Er braucht noch Zeit, dann sieht er's ein.

Er fürchtet stets, sie zu verlieren

Die Angst wird schließlich dazu führen.

Ihre Falten sei'n zum Hassen

(die seinen sieht er sehr gelassen)

Sie sammelt Tücher sowie Taschen
Ihn kann hier nichts mehr überraschen.

☯

Sie sieht das Hochzeitskleid im Schrank
Es passt noch, seufzt sie, Gott sei Dank.

☯

Sie lässt von ihrem Wert sich leiten
Verzichtet auf die Höflichkeiten.

☯

Sie ist von sich ganz hingerissen
Ihr Spiegelbild, das sei zum Küssen.

Wenn er ihr in die Bluse schaut

Ist er entzückt, was sich da staut.

☯

Wenn sie auf seinen Knien sitzt

Ist es kein Wunder, dass er schwitzt.

☯

Er hat im Grunde nichts gewonnen

(die Regelblutung hat begonnen)

☯

Er ist extrem kurz angebunden

Die Frau fühlt sich hernach geschunden.

Am Morgen steht sie schon am Herd
Das sei, meint er, auch nicht verkehrt.

☯

Wenn er zu oft sich bückt und neigt
Mag sein, dass das zu Kopf ihr steigt.

☯

Sie hasst inbrünstig jeden Mann
(ein Mann hat ihr was angetan)

☯

Sie sucht in ihm und das verzweifelt
Das was im Grunde er verteufelt.

Sie sucht in ihm seit Jahren schon
Doch was sie sucht, das ist Fiktion.

Seit sie das erste Kind gebar
Ist jemand anderer der Star.

Sie sucht beharrlich und mit Schwung
Das Selbst - und nach Verwirklichung.

Er sucht – sie scheint das nicht zu sehn
Das Glück bei Nixen und bei Feen.

Er blickt – wie könnt sie ihm vertrau'n
Mit Wehmut übern Gartenzaun.

Hat man die achtzig überschritten
Hat man noch lang nicht ausge(st)ritten.

Nach über achtzig Erdenjahren
Melden Verwandte sich in Scharen.

Falsch liegt, wer die Meinung hegt

Dass sich im Alter nichts mehr regt.

☯

Seit sie ihr eignes Geld verwaltet

Fühlt er geknickt sich und gefaltet.

☯

Sie suchte ihn und das seit Jahren

Nun hat sie ihn – mit weißen Haaren.

☯

Ein jeder glaubt, er hätte Recht

Er selbst sei gut, der andre schlecht.

Sie praktizieren mit viel Mühen
Arbeitsteilung beim Erziehen.

☯

Sie hätt' so gern ein Töchterlein
Das sollte ihre Freundin sein.

☯

Sie möchte, er will's nicht kapieren
Ein Töchterlein, eins zum Verzieren.

☯

Der Spiegel zeigt, beharrlich, still
Stets das, was keiner sehen will.

❀

Worum sich ihre Meinung dreht:
Dass es den Frauen übel geht.
Überall bei Post und Bahn
Sei'n die Männer besser dran.

❀

Seine Hände, rissig, schwer
Wünscht' sie sich viel zärtlicher.

❀

Sie denkt in jedem Falle weiter.
Frauen seien halt gescheiter.

❀

Ihr Horizont reicht schlicht und schlank
Vom Schminktisch bis zum Kleiderschrank.

☯

Warum er in der Schule leidet:
Weil er das Denken hasst und meidet.

☯

Der Chef kann über ihn verfügen –
Sie muss sich mit dem Rest begnügen.

☯

Sie ist vernarrt in ihr Geschlecht
Sie sei die Herrin, er der Knecht.

Ein schöner Anblick, wenn sie lacht
Doch weh, wenn sie den Mund aufmacht.

Ein schöner Anblick, ohne Zweifel
Da juckt der Schwanz sogar dem Teufel.

Sie weiß, sie ist ihm überlegen
(dass er's nicht weiß, das ist ein Segen)

Mit ein paar Kindern an der Seite
Gewinnt ihr Herz an Schwung und Weite.

Sie meidet so, als sei sie nackt
Jedweden männlichen Kontakt.

Bei Vollmond kommt sie leicht ins Träumen -
Er möcht' den Krimi nicht versäumen.

Sie sucht in ihm des Pudels Kern –
Er nimmt sie einfach, hat sie gern.

Er weidet sich an ihren Hügeln
Und kann des Wandrers Lust kaum zügeln.

Er ist – wie gern er's anders hätte
Nichts als ein Glied in einer Kette.

Er zieht im Bad das Zwerchfell hoch
Des Bauches Wölbung sieht sie doch.

Sein Blick auf ihre Augen zielte
Obgleich er gern nach unten schielte.

Sie sagt, sie liebe rein platonisch
Er selbst erlebt sich hypertonisch.

☯

Das ist es, was er an ihr findet:
Der Umstand, dass sie sich entwindet.

☯

Kommt er am Abend gierig heim
Erstickt sie jede Lust im Keim.

☯

Will sie einmal, da soll er – bleiern –
Des Fleisches Auferstehung feiern.

Sie glaubt, dass er zu Tod sich schindet -
Die Chefin ist's, wo er sich windet.

Geht er zu Bett um neun Uhr dreißig
Sitzt sie am Tisch und näht noch fleißig.

Den Vater konnt' sie kaum verkraften -
„Er" hat dieselben Eigenschaften.

Er kann nicht anders, sieht in ihr
Vor allem eins: das Muttertier.

☯

Sie tobt sich aus beim Spülen, Waschen -
Er selbst kennt Feuchtes nur aus Flaschen.

☯

Auch wenn ihr das nicht passt, egal
Die Welt, die ist und bleibt – dual.

☯

Sie schaut, dass es ihr an nichts mangelt
Hat einen reichen Mann geangelt.

Ihr Stolz, wer weiß weshalb vorhanden
Lässt nur die reichsten Freier landen.

Sie ignoriert, und das recht fleißig
Alle Männer über dreißig.

Die Arroganz in ihrem Blick
Hält wirksam Freund wie Feind zurück.

Sie schläft sich ein in bessre Kreise
bedient hierbei auch Frau'n und Greise.

Intelligenz ist Mangelware
Nicht aber Busen, Hintern, Haare.

Er denkt, es würde völlig reichen
Ihr Honig um den Mund zu streichen.

Er sucht ein Model wie im Fieber
Ein dummes, scheint es, ist ihm lieber.

Sein Fahrstil wird, das ohne Frage
Selbst für Phlegmatiker zur Plage.

☯

Frauen schreiben ausnahmslos
Über Frauen und ihr Los.

☯

Er glaubt, bei seinen Kind' und Kegeln
Könnt' er mit Grobheit alles regeln.

☯

Er ist im Innern überzeugt
Dass seinem Kopf sich jeder beugt.

Sie möchte es und säh' es gern
Dass er was liest, doch er sieht fern.

☯

Er will die Welt gestalten, biegen -
Sie denkt daran, ein Kind zu kriegen.

☯

Sie sucht, auch wenn er das verteufelt
Im Leben nach dem Sinn verzweifelt.

☯

Männer sind, leicht auszumalen
Für einen Mann nichts als Rivalen.

Frauen streben, sagen sie
Unter sich nach Harmonie.

Männer suchen mit viel Dampf
Unter sich vor allem Kampf.

Je mehr die Hochzeitsfeier kostet
Desto weniger die Liebe rostet.

Die Braut ist strahlend und jungfräulich
Ihr Mundwerk ist dagegen gräulich.

☯

Freundlichkeit, denkt er, ist schwul
Drum ist er grob und findet's cool.

☯

Ein jeder, der bergaufwärts radelt
Weiß, dass der Frust schlussendlich adelt.

☯

Ihr Mann, das weiß der selbst am besten
Nagt unterm Tisch an Essensresten.

☯

Sie hat, und das ist nicht gelogen
mit ihrem Kind den Mann erzogen.

Kaum hat er Baum und Wald verlassen
Sucht er die Welt sich anzupassen.

Theater, Kino und Konzerte
Vermitteln ihr gewisse Werte.

Von Männern hält sie nicht die Masse
Frau'n dagegen find't sie klasse.

Er träumt, er wär der Boss im Haus
Und räumt derweil den Spüler aus.

Er produziert sich auf dem Mist
Im Glauben, dass es seiner ist.

Auch wenn von Wesen eher seicht
Rutscht er in Depression ganz leicht.

Als Königsweg aus seiner Pein
Fällt ihm stets nur der Selbstmord ein.

Er ist ein Freund, das zweifelsohne
Solange ich sein Ego schone.

Beim Fahr'n ist er der Steuermann
Sie schmunzelt, weil sie's besser kann.

Er nimmt den Klotz und schwingt das Beil
Sie holt den Druckverband derweil.

Sie rülpst und schmatzt und schnäuzt sich laut
Er hätt' ihr das nicht zugetraut.

Er schlägt die Laute, heult zum Mond
Ob sich der ganze Aufwand lohnt?

Er sei, so sagt er, heut verhindert
ein Umstand, der ihr Bauchweh mindert.

Er hat die Neue eingeladen
Soll er sich duschen oder baden?

Sie liebt die besseren Etagen
wie Opernbälle, Vernissagen

Ein Held ist er – was heißen will:
vor allem beim Computerspiel.

☯

Im Ruhestand genießt er froh
Sein Halstuch und sein Cabrio.

☯

Auch mit Motorrad ist er – leider -
ein eher dürft'ger Easy Rider.

☯

Auch wenn er sich so sehr gefällt
Ganz anders sieht's die Damenwelt.

Er träumt von ihr, ein schöner Traum!
Die Sehnsucht wächst und auch der Baum.

Zieht er die Stiefel von den Füßen
Ist es dann so, dass andre büßen.

Wenn sie nicht weiterkommt im Leben
Dann liegt die Schuld beim Manne eben.

Die Männer lassen, glaubt sie fest
Der Frau von allem nur den Rest.

❂

Er sollte seinen Body pflegen
Und das schon des Aromas wegen.

❂

Ist die Scheidung erst passiert
Wird er auf Jahre abkassiert.

❂

Abkassiert wird er dann deftig
Der Rachefeldzug, der ist heftig!

Als Mutter ist sie nicht zu schlagen
Und das in Nächten wie an Tagen.

☯

Er sieht in ihr den blanken Nutzen
Sei es beim Kochen wie beim Putzen.

☯

Im Streitfall setzt er – ist das fein?
Ihr Kind gezielt als Waffe ein.

☯

Sein schwarzer Jeep soll demonstrieren:
Er kann mit jedem konkurrieren

Er thront im Brummi, stolz, autark
Er fühlt sich wie sein Brummi stark.

Er läutet und sagt, er ist da
Die Frau ist fort, die Lust ist nah.

Sie wühlt in seinen Taschen leis
Was sie dort sucht? Nun, den Beweis.

Aroma sucht er nicht bei Rosen

Er wühlt in ihren Unterhosen.

☯

Er hat die Arme angewinkelt

Ein jeder sieht, dass wer da pinkelt.

☯

Ein Geschäft verrät die Pose;

Ist es das kleine – oder große?

☯

Für jeden Kürbis gibt es Missen

Man kann die Missen

Nicht mehr missen.

Sie scheint zu glauben,

dass es reicht

wenn man gebärt

und wenn man laicht.

Wenig Hirn, rundum bescheuert

Es ist was andres, was ihn steuert.

Bildhauer glauben ungeniert

Dass ihr Produkt den Marktplatz ziert.

Im Innern der Karosserie

Pflegt Beischlaf er und Onanie

Das Grüßen ist,

ob ihr's, ob seins,

Ein Index des Erzogenseins.

Sitzt er auf dem Motorrad oben

Sind die Gesetze aufgehoben.

Sie wäscht und kocht und räumt den Dreck

Er schmatzt und furzt und frisst den Speck.

☯

Dem jungen Spund

Dem ist sein Stecken

Ein Instrument zum Kämpfen,

Decken.

☯

Mädchen lernen von den Frauen

Buntes Outfit wie von Pfauen.

Für ihn sind „höher – schneller – weiter!"
Wichtiger als „klug, gescheiter".

☯

Sie schont ihn wie ein kleines Kind –
Wie klein doch manche Kinder sind!
☯

Er steigt mit Pferdeschwanz einher
Und setzt auf den
Piraten-Flair.

☯

Gefühle hat er nicht sehr viele
Es sei, sie dienten seinem Ziele.

☯

Er will das Eine nächtlich, täglich
Sie findet diesen Drang unmöglich.

☯

Sie liegt ihm pittoresk im Arm
Ihr ist kalt und ihm
ist warm.

☯

Er findet's männlich
nicht zu blinken
Wenn Punkte auch
und Strafen winken.

Sie klickt und klappert durch die Gänge
Ihm wird es um den Schritt so enge.

Sie liefert viel Gesprächsvolumen
Der Inhalt, der zählt sich nach Krumen.

Sie ist blond wie der Sonnenschein
Das kann für ihn der Knackpunkt sein.

Der Pfau, der mit den schönsten Federn
Kann sich die schärfte Pfäuin ködern.

Der Vater hat ihn instruiert
Dass man als Bub
nichts fühlt und spürt.

Des Hinterns Rundung macht ihn froh
Das sei bei Männern eben so.

Draußen steht der BMW
und drinnen tut der Hunger weh.

Er sagt's mit Worten und Gebärden
Sein Ziel ist es, rasch reich zu werden.

☯

Das Einzige was zählt im Leben
Sind Hopfen, Malz für ihn und Reben.

☯

Die Seele würde er versetzen
Dürft' er am Golfplatz sich ergötzen.

☯

Das Ziel bereitet ihm Beschwerden:
Ohne Arbeit reich zu werden.

Der Zahn der Zeit,

so glaubt er fest

Bei ihm kein Nagen hinterlässt.

Er scheut die Arbeit, späht und schaut

Nach einer reichen, schönen Braut.

Als Knabe lebt' er schon

im Wahn:

Das Auto fängt beim Porsche an.

☯

Er ist schon groß und das ist fein
Doch möcht' er viel
viel größer sein.

☯

Er nimmt kein Blatt sich vor den Mund
Wenn sie das macht, dann geht es rund.

☯

Sie kontrolliert sein Taschentuch
Er wünscht', er wär ein Eunuch.

☯

Er spricht sie oft
mit Mama an.
Was hat sie ihm nur angetan?

Kommen Menschen an
in Scharen
Dann lässt er ihre Hand
gleich fahren.

Grüßt er ihre Freundin nett
Denkt sie gleich an Wunsch nach Bett.

Sie sorgt für ihn von früh bis spät
Wenn sie ihn nur auch lieben tät...

❡

Zeitungen liest er lokale
Nun, er liebt halt die Skandale.

❡

Er kontrolliert sie
mit dem Blick -
Vom Pavian hat er den Trick.

❡

Er sucht nach einem drallen Hintern
Zum Landen und zum Überwintern.

Er will nur seinen Trieb beflügeln
Sie denkt vielmehr ans Nachwuchs-Zügeln.

Das was sich stülpt bei ihm nach außen
Das provoziert bei ihr ein Grausen.

Er grüßt nur den, der irgendwann
Ihm irgendwie mal nützen kann.

Er fühlt sich jedem überlegen

Des Geldes

und Geschlechtes wegen.

☯

Er teilt die Menschen ein nach Rasse

Nach Grundbesitz und Stand der Kasse.

☯

Es ist echt nicht der große Geist

Der seine Wort' und Taten speist.

☯

Von außen scheint er frisch gebügelt

Was nicht der Seele Wesen spiegelt.

Kein Abgrund ist ihm je

zu tief

Er kennt den Moder,

liebt den Mief.

Sein Jeep ist schwarz und spiegelglatt

Ein Zug, den sein Charakter hat.

Er steht am Tresen,

trinkt und prahlt

Dass er kein' Dippel Steuern zahlt.

Sie wär so gern
ein Model, Star
Tanzt' gern mit Gott
auf dem Altar.

Unbeweglich, träg und fett
Jettet er durchs Internet.

Sein Mut das beste Schauspiel bietet
Wenn er vorm Bildschirm tobt und wütet.

Sie ist verliebt in ihren Spiegel

Die Liebe, die verleiht ihr Flügel

Papa hat, sie kann nicht klagen

Noch keinen Wunsch ihr abgeschlagen.

Mit 15, ja sie wartet schon

Ist's höchste Zeit fürs Silikon.

Damit er sie nicht länger stört

Gibt sie ihm das, was er begehrt

Die Trennung kann er kaum verdauen
Und tröstet sich mit andren Frauen.

Wenig ist, was sie vereint
Sie sind sich fremd, beinahe Feind.

Sie stell'n sich mitten auf den Platz
Und spielen Kater, spielen Katz

Er kann ihr nicht den Vortritt lassen
Das würde nicht zum Ego passen.

Mann lässt sie nicht an die Regierung
Er nutzt sie lieber als Verzierung.

Ihr Sehnen gilt, er hat's vermutet
Der Freundin, die auch glost und glutet.

Mit ihrem Handy, will mir scheinen
Fühlt sie sich sicher auf den Beinen.

Er sucht fast süchtig und gespannt
Der Wäsche Abdruck, ihren Rand.

☯

Sie freut sich auf ein Töchterlein
Er freut sich mit, wenn auch zum Schein.

☯

Sie wünscht sich zum Geburtstagsfest
Dass er sie heut in Ruhe lässt.

☯

Sie fände seinen Typ erträglich
Wenn er die Wäsche wechselt' täglich.

Hinter Mauern, hinter Wänden
Sitte, Anstand sehr schnell enden.

Wenn irgendwo die Hülle sinkt
Regt sich sehr schnell der Jagdinstinkt.

Im Freibad und beim FKK
Ist die Ernüchterung schnell da.

Durchs Internet sieht man sie hüpfen
Sie ist drauf aus
Kontakt zu knüpfen.

Sie stopft die Kinder, liebestoll
So wie die Weihnachtsgänse voll.

Und wenn die Kinder noch mehr wollen
Füllt sie die Teller auf, die vollen.

Er zieht sich langsam, Stück für Stück
Aus dem Erziehungsjob zurück.

Er liebt die Objektivität –
Wenn er sie nur nicht lieben tät.

Sie schwimmt sehr schnell in Emotionen –
Er sollt' sie in dem Zustand schonen.

Sie sagt, er habe niemals Zeit
Doch Zeit hat er für manche Maid.

Es ist das Naturell vom Gockel
Sich aufzuplustern auf dem Sockel.

Worum es meist im Leben geht:
Ob er nun liegt, ob schrumpft, ob steht.

Er ist nicht eben groß geraten
Und so sind seine Heldentaten.

Er dreht nach jedem Rock sich um –
Der Bock ist scharf, der Geist ist stumm.

Täglich neu sind die Klamotten
Die gestrigen verzehr'n die Motten.

☯

Mit Leine und mit Schäferhund
Tut er den Führungsanspruch kund.

☯

Es ist doch so: Im Internet
Ist jede schlank und keiner fett.

☯

Kompetenz, die schreibt man klein
Es reicht schon, einfach Frau zu sein.

☯

Sie möchte ihren Mann verlassen –
Morgen, sagt er, würd' es passen.

Männer sind, das kannst du glauben

Weit mehr fürs Nageln als fürs Schrauben.

☯

Zwei Böcke die sich wo begegnen

Tun gegenseitig sich kaum segnen.

☯

Der Body ist aalglatt rasiert

Was rasch zum Siebten Himmel führt.

☯

Da hilft kein Grübeln und kein Graben
Die Maid ist nun mal nicht zu haben.

Das was zu falschen Schlüssen führt:
Dann wenn man deutelt, projiziert.

Er sucht – so wie das Brot die Butter
Lebenslang nach einer Mutter.

Zwei Bullen, die sich wo begegnen
Lassen's hageln, stürmen, regnen.

Zwar hat er sie schon längst gefunden
Doch treibt's ihn weiter, unumwunden.

Er sitzt im Gasthaus, trinkt und kartet
Sie sitzt daheim und strickt und wartet.

Im Siebten Himmel sie verweilen
Dass sie auch die Prothese teilen.

Sie denkt, im Reden liegt die Gnade
Ihm ist derweilen nichts als fade.

Er möchte rasch zur Sache kommen
Sie ist nicht scharf, eher verschwommen.

Anti-Aging ist ihr Ziel
Er merkt von dem Effekt nicht viel.

Mit Blumen bringt er sie zum Träumen
Er weckt sie auf, er mag nicht säumen.

Er sucht auf Biegen und auf Brechen
Seinesgleichen auszustechen.

☯

Der Trick ist der: frech und gelassen
Die Frauen für sich schuften lassen.

☯

Das Wichtigste in seinem Leben
Ist aufzufallen, anzugeben.

☯

Nach außen ist er sanft und bieder
Daheim erkennt man ihn nicht wieder.

Er tobt sich aus mit Malen, Schreiben
Es soll von ihm
was übrig bleiben.

Chancengleichheit klagt sie ein
Sie möchte voller Chancen sein.

Sie steuert kühn den LKW
Doch nicht bei Glatteis, nicht bei Schnee.

Sein Fahrstil der ist grandi - os:
Unverschämt und rücksichtslos.

Er hat's trainiert schon in der Schule:
Rücksicht, das ist was
für Schwule.

Klapprig ist er und rheumatisch
Doch scharf und keineswegs apathisch.

Er sucht den Gipfel zu erklimmen
Und hierbei muss das Outfit stimmen.

Einsamkeit und Ruf der Berge:
Als Riesen fühl'n sich da die Zwerge.

Ich-vernarrt und ego-geil
Klettert er von Seil zu Seil.

Nach außen sind sie Kameraden
Doch heimlich sie die Flinte laden.

Von Tibet spricht er in großen Tönen
Dort ließ er Sherpas für sich stöhnen.

Mit zwanzig hat er – ungeniert
Die halbe Welt schon konsumiert.
Mit dreißig ist der Kreis vollendet –
Wohin er sich hernach wohl wendet?

Der Pfarrer ist für ihn – mal ehrlich
Beim Jagen nur bedingt gefährlich.

Wenn Mann nicht seinen Laptop hätte
Wär'n überfüllt die Dörfer, Städte.

Er scheint in diesem Wahn zu leben:
Der Weg zum Ruhm sei flach und eben.

Sie hängt an ihm; die Liebe gilt
Solange sie ihr Kindlein stillt.

Papi ist und war ihr Held
Er ist geschmeichelt, schmiert mit Geld.

Wenn Frau'n sich sehn wird abgewogen
Wie andere sind angezogen.

Sie vermeidet mit Geschick
Anspielungen auf Dünn und Dick.

Sind geschafft die Wechseljahre
Gibt es Zähne voller Haare.

Schön ist sie, wie der Morgenstern
Er möcht sie nah, doch sie ist fern.

So wie im Film steh'n sie umschlungen
Ihr Auftritt, scheint es, ist gelungen.

Alte Männer, und das in Scharen
Ergießen sich in Memoiren.

Sein abgrundtiefer Bergwerkstollen
Der bringt zu Tag die größten Knollen.

Sie ist meist gluschtig und gefräßig –
Der Nachwuchs zeigt sich kugelmäßig.

Ein reicher Mann liegt ihr zu Füßen
Der Kontostand, der muss dann büßen.

Im Internet sucht er die Seiten
Wo manche liegen, manche reiten.

Ein Mann liegt ihr devot zu Füßen
Er wird zum Zwerg und sie zum Riesen.

Ein reicher Mann liegt ihr zu Füßen
Sie nimmt das Geld und lässt ihn büßen.

Für den clevern tollen Nachbar
Ist alles leicht und alles machbar.

Er wär' so gerne Bürgermeister –
Drum leckt er diesen, jenen beißt er.

Präsidentin wär' sie gerne
Drum grüßt sie Männer nur von ferne.

Er greift stets nach den größten Stücken
Wenn andre zögern, kann's ihm glücken.

Er wischt dem Kind den Hintern blank
Macht er's penibel, ist er krank.

Er wischt den Hintern seinem Bübel
Wischt er sein Mädchen, geht's ihm übel.

Am Spielplatz sind die Eltern weiblich
Dass er sich zeigt, ist unverzeihlich.

Er plustert auf sich unerträglich
In Wahrheit ist er klein und kläglich.

Sie attackiert wo sie nur kann
Den Feind für alles: jeden Mann.

Ihr Hass auf Männer der beweist
Worum ihr Sinn' und Trachten kreist.

Von „meinen Kindern" spricht sie groß
Ganz so, als sei'n sie vaterlos.

Sie buhlen heimlich wie die Diebe
Um ihrer Kinder Gunst und Liebe.

Geschenke, wenn preziös und teuer
Entfachen ihrer Liebe Feuer.

Beim Essen schnappt er nach der Zeitung
Sie übernimmt der Küche Leitung.

Im Alter ist der Mann meist kläglich
Was heißt: er ist nur schwer erträglich.

❂

Sie sagt, er wird sich ändern müssen
Er find't sie süß und möcht sie küssen.

❂

Zärtlichkeit, die übertrieben
Ist infantil oder gerieben.

❂

Er sucht und wird sie schließlich finden
Beim Suchen tut er sich recht schinden.

Schwankend ist der Laune Pegel

Das scheint bedingt durch ihre Regel.

☯

Er lässt sich schließlich auch beim Reiten

Vom Regelwerk der Fitness leiten.

☯

Jeden Tag gibt es was Neues

Sie ist fürwahr kein Reh, kein scheues

☯

Sie ist mit ihm niemals zufrieden

Bei seinem Wesen, meint sie, wie denn?!

Er findet sich als Typ beständig

Sie ihrerseits ist irre wendig

Im Kirchenchor singt sie Sopran

Wie sie sich nur verstellen kann!

Er hofft, ist er erst mal in Rente

Zahlt er nicht mehr die Alimente.

Sie liebt mit seinem Jeep die Fahrten

zur Schule und zum Kindergarten.

Er ist von ihrem Teint begeistert
Genau besehn wirkt sie gekleistert.

Er lugt in ihres Ausschnitts Tiefe
Er langte zu, wenn's nach ihm liefe.

Er schaut auf ihres Ausschnitts Fülle
Und träumt, sie wäre ohne Hülle.

Frauen, die für Frauen fighten
Lenken ab von ihren Pleiten.

Beim Backen ist sie einfach Spitze
Und auch fürs Braten reicht die Grütze.

Er ist ein echter Rittersmann
Der außer reiten wenig kann.

Sie gibt ihm ständig das Gefühl
Er selbst sei wenig, sie sei viel.

Sie dreht sich wie für eine Zeitung
Das Ego übernimmt die Leitung.

Sie fightet mit verdeckten Waffen
Genießt es, wenn die Wunden klaffen.

Im Frauenklo ist Pinkeln, Koten
Den fugenlosen Herrn verboten.

Ihr geht sein Dichten

auf die Nerven -

Er sollte nicht mehr

dichten derfen!

Curriculum Vitae

Dr. Elmar Perkmann ist in Völs, Südtirol, geboren. Nach der Matura (Abitur) Unterricht an einigen Grundschulen, dann Aufnahme eines Literaturstudiums, Abschluss desselben mit einer Dissertation über Max Frisch. Arbeit an der Mittelschule in Klausen, Südtirol. Übersiedlung für acht Jahre nach Salzburg, Zweitstudium in Psychologie und Psychopathologie mit weiteren vier Semestern Publizistik – Kommunikationswissenschaften. Therapieausbildung in Gesprächspsychotherapie nach Rogers, nicht abgeschlossene Ausbildung in Gestalttherapie nach Perls. Mehrere Jahre Arbeit als Leiter der sozialtherapeutischen Jugendwohngemeinschaft mit sozial verwahrlosten Jugendlichen in St. Johann/Pongau und in Salzburg Stadt, dann 1982 Übersiedlung nach Völs in Südtirol und seitdem Lehrer an der Mittelschule in Kastelruth. Viele Jahre tätig in der Lehrerfortbildung und in Zusammenarbeit mit der Universität Innsbruck als Tutor in der Lehrerausbildung.

Bisher erschienene Werke:

„Studien zur Maske", lyrische Sammlung.

Vier Publikationen zu Schloss Prösels in Völs am Schlern, Südtirol: Die erste 1982 zusammen mit dem Künstler Ivo Rossi Sief „Text und Bildimpressionen", dann 2006 im Auftrag der Gemeinde Völs die Gedenkschrift zu den Hexenprozessen. 2013 und 2014 erschienen zwei weitere ISBN-Arbeiten: „Schloss Prösels lebt!" und „Schloss Prösels für Kids".

2015 kam der Essayband „Lehren – oder die Kunst, Fenster zu öffnen" in den Buchhandel.

Unveröffentlicht dümpelt ein Roman mit dem Titel „Die Stimme der Schatten" in der Schublade, weiter ein 400 Seiten umfassender Gedichtband mit dem Titel „Dein Faden, Ariadne", ein weiterer mit dem Arbeitstitel „Wege".

Zeitfracht Medien GmbH
Ferdinand-Jühlke-Straße 7
99095 Erfurt, Deutschland
produktsicherheit@kolibri360.de